Novena
SAN CIPRIANO

Por Victoria Rey

© Calli Casa Editorial, 2012
Yhacar Trust, 2021

Todos los derechos registrados. Prohibida la reproducción total o parcial de esta obra en todo su contenido: texto, dibujos, ideas e ilustraciones de portada, sin autorización por escrito.

www.solonovenas.com
#2500-791

UN POCO DE HISTORIA

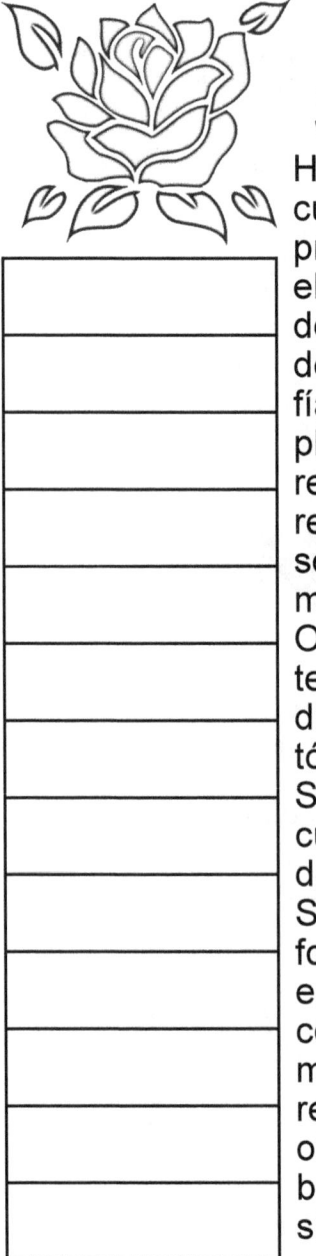

San Cipriano nació el año 200 en Cartago. Hijo de una familia rica, culta y pagana. Cartago a principios del siglo III, en el norte de África, era una de las grandes ciudades de Roma. Estudió filosofía y retórica. Disfrutó lujo, placeres y grandes honores. Ya como maestro de retórica, siendo un adulto, se convirtió al Cristianismo. En 248 fue nombrado Obispo de Cartago. Durante su episcopado, que duró diez años, la iglesia enfrentó circunstancias difíciles. Sufrieron violentas persecuciones por los emperadores Decio y Valeriano. San Cipriano se dedicó a fortalecer a sus hermanos en la fe. El confrontamiento con la herejía, los problemas con los apóstatas y las relaciones con los demás obispos, lo obligaron a elaborar una teoría de la Iglesia, donde afirmaba que la Iglesia es esencialmente una, imitando la unidad de Dios en la Trinidad. Sus obras –tratados y cartas- se pueden agrupar en dos tipos: las de carácter apologético, donde utiliza su rica formación filosófica en defender la fe de Cristo, y las pastorales, en las que habla como obispo, con una clara concepción sobre la Iglesia Católica y el episcopado. Muere mártir el 14 de septiembre del año 258.

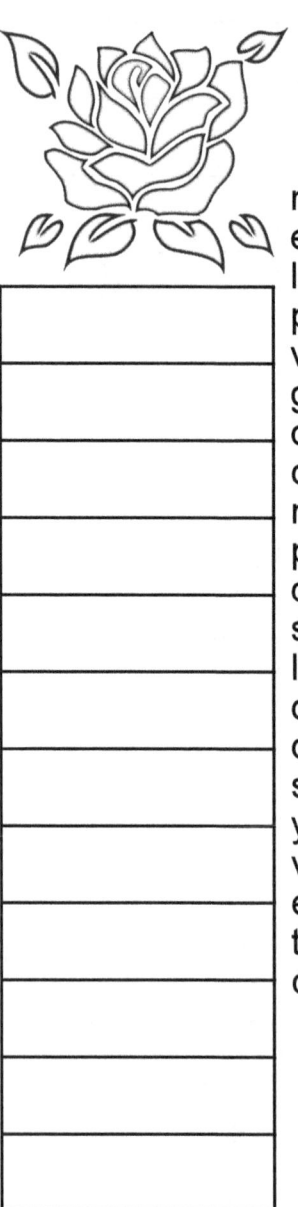

MILAGRO

Alicia sufría mucho por el abandono de su novio del que estaba muy enamorada. Acudió a que le hicieran un "amarre" pero no funcionó, lo intentó varias veces sin lograr ningún resultado. Estaba muy desesperada, alguien le recomendó que le rezara una novena a San Cipriano y le pidiera con mucho fervor que la ayudara para que su novio regresara. Ella lo hizo durante los nueve días. Para su sorpresa un día sonó el teléfono. Era su novio pidiéndole perdón y diciéndole que quería volver con ella. A partir de entonces agradece constantemente por el favor recibido.

ORACIÓN DIARIA

San Cipriano bendito, líbrame de todo mal. En tus manos, santo, pongo este afán. Una fe infinita me dice que tú responderás a esta petición que hoy te hago. Quédate y escúchame santo mío. Presta atención que necesito de ti. Este es el día en que San Cipriano vendrá, se sentará junto a mí, escuchará mi necesidad y con prontitud acudirá en mi ayuda. Alabados sean los cielos que san Cipriano me atiende.

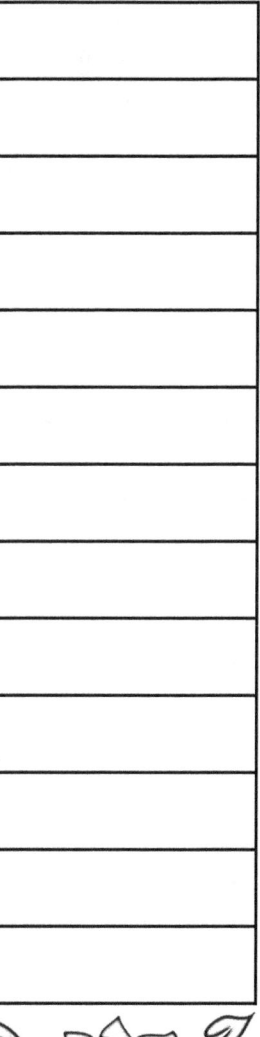

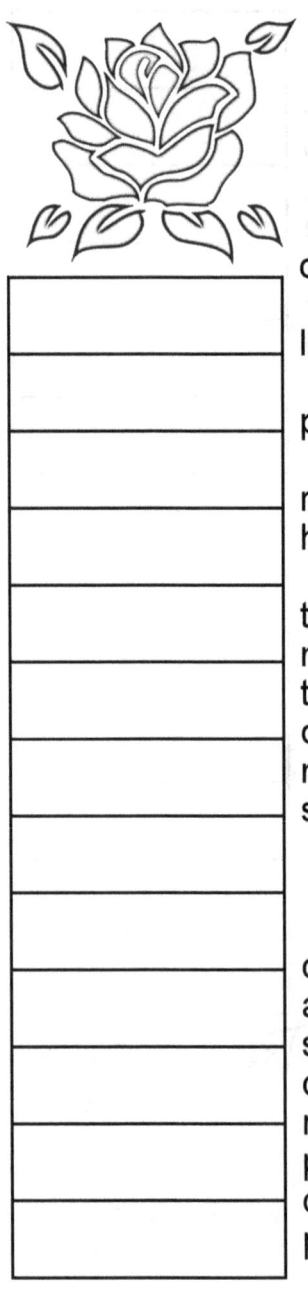

HAGA SU PETICIÓN

Aquí estoy hincado a tus pies.
Con la luz de tus quinqués que no tienen comparación
alumbra a este humilde feligrés
que viene a hacerte esta petición.
Te ruego con todo mi corazón me concedas... (Se hace la petición)
Esto es un asunto de interés te suplico tu atención me des. Concédeme lo que te pido en esta ocasión y con tu divina protección me ayudes, para que seas siempre mi salvación.

Padre Nuestro, que estás en el cielo, santificado sea tu nombre; venga a nosotros tu reino; hágase tu voluntad, en la tierra como en el cielo. Danos hoy nuestro pan de cada día; perdona nuestras ofensas, como también nosotros perdonamos a los que nos ofenden; no nos dejes caer en la tentación, y líbranos del mal. Amén.

Dios te salve, María, llena eres de gracia, el Señor es contigo. Bendita tú eres entre todas las mujeres, y bendito es el fruto de tu vientre: Jesús. Santa María, Madre de Dios, ruega por nosotros, pecadores, ahora y en la hora de nuestra muerte. Amén.

Gloria al Padre, al Hijo y al Espíritu Santo. Como era en el principio, ahora y siempre, por los siglos de los siglos. Amén.

PRIMER DÍA

San Cipriano Bendito abre ante mí los caminos y permite que éstos estén libres de toda energía negativa. Deja que a mi paso murallas vayan cayendo. Que hechizos o salaciones vayan desapareciendo. Que los conjuros, envidias o mal de ojo, se vayan disolviendo. Que espíritus confundidos se pierdan en el camino. Y que todo lo maligno o destructivo que pudiera afectarme a mí o a mis seres amados, a mi negocio, mi casa o a mi espacio en general, sea arrasado, limpiado y desterrado, sin importar si es grande o pequeño. Ayúdame San Cipriano. Purifica mi espacio. Deja que la Luz del Espíritu Santo me rodee a mí y a todo lo que es mío para que su claridad ilumine cada rincón y nos mantenga protegidos en todo momento.

Padre Nuestro, que estás en el cielo, santificado sea tu nombre; venga a nosotros tu reino; hágase tu voluntad, en la tierra como en el cielo. Danos hoy nuestro pan de cada día; perdona nuestras ofensas, como también nosotros perdonamos a los que nos ofenden; no nos dejes caer en la tentación, y líbranos del mal. Amén.

Dios te salve, María, llena eres de gracia, el Señor es contigo. Bendita tú eres entre todas las mujeres, y bendito es el fruto de tu vientre: Jesús. Santa María, Madre de Dios, ruega por nosotros, pecadores, ahora y en la hora de nuestra muerte. Amén.

Gloria al Padre, al Hijo y al Espíritu Santo. Como era en el principio, ahora y siempre, por los siglos de los siglos. Amén.

SEGUNDO DÍA

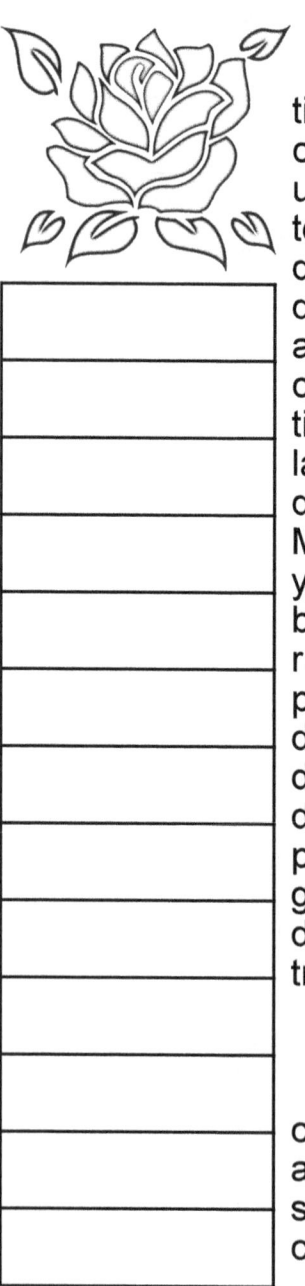

San Cipriano, si llegaras a saber que alguien tiene malas intenciones contra mí o que ha lanzado un maleficio en contra mía, te ruego, mi santo querido, que anules esas energías y que la persona que intente algo contra mí, se sienta confundida y que no tenga tino en sus intentos. Anúlalo y desvanécelo, santo querido de mi protección. Mil gracias por protegerme y por proteger a los ángeles buenos y a mis guías espirituales y a todo aquel que por tu intercesión pueda destruir sortilegios y ligaduras que se hayan hecho de día o de noche. Gracias por que siempre me haces ganar seguridad y prosperidad en Cristo Jesús, nuestro amado padre celestial.

Padre Nuestro, que estás en el cielo, santificado sea tu nombre; venga a nosotros tu reino; hágase tu voluntad, en la tierra como en el cielo. Danos hoy nuestro pan de cada día; perdona nuestras ofensas, como también nosotros perdonamos a los que nos ofenden; no nos dejes caer en la tentación, y líbranos del mal. Amén.

Dios te salve, María, llena eres de gracia, el Señor es contigo. Bendita tú eres entre todas las mujeres, y bendito es el fruto de tu vientre: Jesús. Santa María, Madre de Dios, ruega por nosotros, pecadores, ahora y en la hora de nuestra muerte. Amén.

Gloria al Padre, al Hijo y al Espíritu Santo. Como era en el principio, ahora y siempre, por los siglos de los siglos. Amén.

TERCER DÍA

Cuando camino por cualquier lugar, lo hago confiado sabiendo que tú me liberas del mal, de animales rabiosos,, de maleficios y hechizos ma-

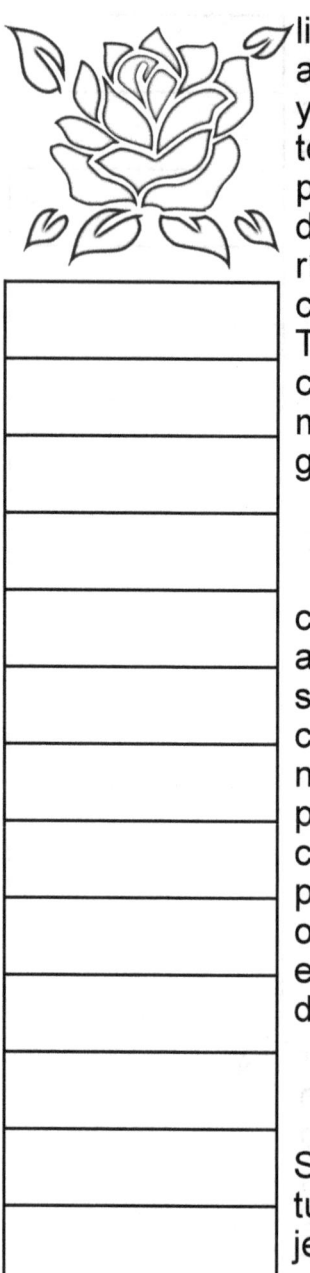

lignos. Sabiendo que tú me alejas de todos los peligros y que si en algún momento yo estuviera amenazado por algún enemigo o maldad agazapados, tú estarías ahí para desviarme hacia veredas de seguridad. Tú serías capaz de dejar cambiar mi destino para mantenerme siempre seguro y siempre feliz.

Padre Nuestro, que estás en el cielo, santificado sea tu nombre; venga a nosotros tu reino; hágase tu voluntad, en la tierra como en el cielo. Danos hoy nuestro pan de cada día; perdona nuestras ofensas, como también nosotros perdonamos a los que nos ofenden; no nos dejes caer en la tentación, y líbranos del mal. Amén.

Dios te salve, María, llena eres de gracia, el Señor es contigo. Bendita tú eres entre todas las mujeres, y bendito es el fruto de tu vientre: Jesús. Santa María, Madre de Dios, ruega por nosotros, pecadores, ahora y en la hora de nuestra muerte. Amén.

Gloria al Padre, al Hijo y al Espíritu Santo. Como era en el principio, ahora y siempre, por los siglos de los siglos. Amén.

CUARTO DÍA

Querido santo, San Cipriano, para cualquier maldad que vaya dirigida a mi. Rodéame de un círculo dorado de protección y no permitas que ese círculo sea cruzado por nada que no sea puro, santo y bueno como tú.

Gracias majestuoso obispo de los planos espirituales tú que reinas entre ángeles, arcángeles, serafines, querubines, tronos, potestades y dominaciones, envía a mí todos los soldados espirituales, de cualquier rango que yo pudiera necesitar.

Alcánzame, amoroso protector en Cristo Jesús, la gracia que te imploro (pedir la gracia) si conviene a mi alma, para que así goce de tu dichosa compañía en la gloria.

Padre Nuestro, que estás en el cielo, santificado sea tu nombre; venga a nosotros tu reino; hágase tu voluntad, en la tierra como en el cielo. Danos hoy nuestro pan de cada día; perdona nuestras ofensas, como también nosotros perdonamos a los que nos ofenden; no nos dejes caer en la tentación, y líbranos del mal. Amén.

Dios te salve, María, llena eres de gracia, el Señor es contigo. Bendita tú eres entre todas las mujeres, y bendito es el fruto de tu vientre: Jesús. Santa María, Madre de Dios, ruega por nosotros, pecadores, ahora y en la hora de nuestra muerte. Amén.

Gloria al Padre, al Hijo y al Espíritu Santo. Como era en el principio, ahora y siempre, por los siglos de los siglos. Amén.

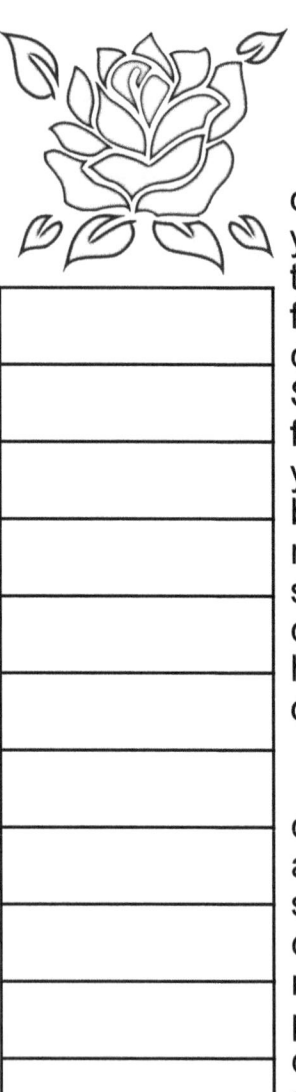

QUINTO DÍA

Oh, San Cipriano de mi veneración. Tú que desembrujas, deshechizas y destruyes todo dominio, toda atadura, te ruego por favor que camines a mi lado cuando me veas en peligro. Santo querido yo en ti confío. Rodéame de protección y seguridad. Cuida la palabra, vista y pensamiento mío. Manténme triunfante sobre cualquier adversidad o enemigo y yo con toda humildad te agradeceré tu divina intervención.

Padre Nuestro, que estás en el cielo, santificado sea tu nombre; venga a nosotros tu reino; hágase tu voluntad, en la tierra como en el cielo. Danos hoy nuestro pan de cada día; perdona nuestras ofensas, como también nosotros perdonamos a los que nos ofenden; no nos dejes caer en la tentación, y líbranos del mal. Amén.

Dios te salve, María, llena eres de gracia, el Señor es contigo. Bendita tú eres entre todas las mujeres, y bendito es el fruto de tu vientre: Jesús. Santa María, Madre de Dios, ruega por nosotros, pecadores, ahora y en la hora de nuestra muerte. Amén.

Gloria al Padre, al Hijo y al Espíritu Santo. Como era en el principio, ahora y siempre, por los siglos de los siglos. Amén.

SEXTO DÍA

Aprovecho este día, querido San Cipriano, para invocar tu presencia. Para pedirte que me prosperes en todos asuntos que estén relacionados con mi empleo o mi negocio. Que allanes los caminos para que yo pueda llegar triunfante y seguro hasta mi destino. A ti te entrego toda necesidad sabiendo que tu poder de protección y para desbloquear caminos, siempre me acompañará de día, de noche o de madrugada, ya sea que vaya solo o acompañado, tú siempre estarás conmigo.

Padre Nuestro, que estás en el cielo, santificado sea tu nombre; venga a nosotros tu reino; hágase tu voluntad, en la tierra como en el cielo. Danos hoy nuestro pan de cada día; perdona nuestras ofensas, como también nosotros perdonamos a los que nos ofenden; no nos dejes caer en la tentación, y líbranos del mal. Amén.

Dios te salve, María, llena eres de gracia, el Señor es contigo. Bendita tú eres entre todas las mujeres, y bendito es el fruto de tu vientre: Jesús. Santa María, Madre de Dios, ruega por nosotros, pecadores, ahora y en la hora de nuestra muerte. Amén.

Gloria al Padre, al Hijo y al Espíritu Santo. Como era en el principio, ahora y siempre, por los siglos de los siglos. Amén.

SÉPTIMO DÍA

Hoy llegamos al séptimo día de tu novena. Gracias por protegerme del agresor de cualquier nacionalidad o color que pudiera hacer un hechizo con metal, tela o cualquier otro ingrediente natural o fabricado. No importa si ese hechizo o maleficio es hecho durante la noche o al la luz del día. Si implica comida o bebida, si se hace invocando con palabras o pensamientos. Si lleva maldad o daño, sé que tú lo destruirás. Tú eres más poderoso, querido santo que ningún practicante del mal. A ti, ser de bondad, poder y claridad, me amparo por que sé que tú pararás en seco cualquier energía negativa y no la dejarás que llegue a mi ambiente. Contigo siempre estoy seguro.

Padre Nuestro, que estás en el cielo, santificado sea tu nombre; venga a nosotros tu reino; hágase tu voluntad, en la tierra como en el cielo. Danos hoy nuestro pan de cada día; perdona nuestras ofensas, como también nosotros perdonamos a los que nos ofenden; no nos dejes caer en la tentación, y líbranos del mal. Amén.

Dios te salve, María, llena eres de gracia, el Señor es contigo. Bendita tú eres entre todas las mujeres, y bendito es el fruto de tu vientre: Jesús. Santa María, Madre de Dios, ruega por nosotros, pecadores, ahora y en la hora de nuestra muerte. Amén.

Gloria al Padre, al Hijo y al Espíritu Santo. Como era en el principio, ahora y siempre, por los siglos de los siglos. Amén.

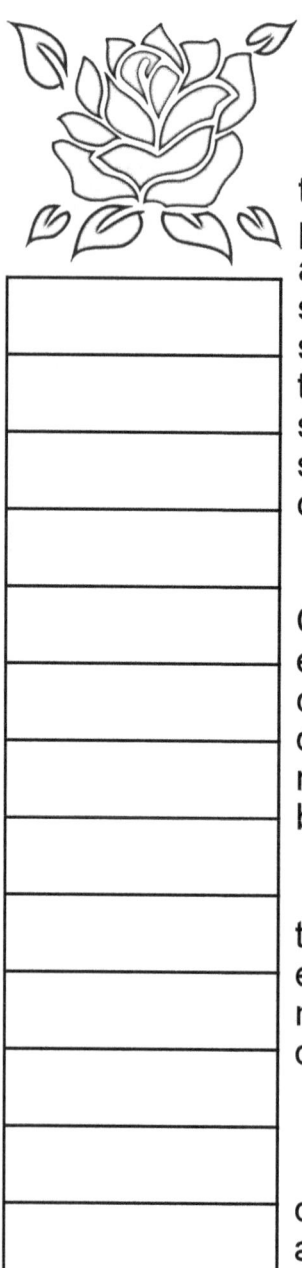

OCTAVO DÍA

San Cipriano mío. Gracias te doy porque todo está quedando limpio. Los caminos se están abriendo. Mi espacio, mis seres amados y yo nos sentimos protegidos y fortalecidos. Con tu presencia sanadora y poderosa, nos sabemos seguros y confiados.

Tú que oficiabas ceremonias religiosas en Cartago, oficia una misa espiritual para mí protección y bendición, y permite que tu energía poderosa me rodee y me llene de bendiciones.

Gracias nuevamente santo mío. Mientras terminas de realizar tu obra en mi vida, te pido que camines junto a mi y no me desampares nunca.

Padre Nuestro, que estás en el cielo, santificado sea tu nombre; venga a nosotros tu reino; hágase tu voluntad, en la tierra como en el cielo. Danos hoy nuestro pan de cada día; perdona nuestras ofensas, como también nosotros perdonamos a los que nos ofenden; no nos dejes caer en la tentación, y líbranos del mal. Amén.

Dios te salve, María, llena eres de gracia, el Señor es contigo. Bendita tú eres entre todas las mujeres, y bendito es el fruto de tu vientre: Jesús. Santa María, Madre de Dios, ruega por nosotros, pecadores, ahora y en la hora de nuestra muerte. Amén.

Gloria al Padre, al Hijo y al Espíritu Santo. Como era en el principio, ahora y siempre, por los siglos de los siglos. Amén.

NOVENO DÍA

Ángeles de Dios, oídme, con vosotros mi corazón se llena de fuerza. Cerca de mi, lo único que puede habitar ahora en este espacio limpio y abierto que ha dejado San Cipriano, es el amor, la belleza, la limpieza y la energía positiva. Cada mañana el sol saldrá de nuevo, trayendo bendiciones. Sobre la vereda segura yo camino ahora hacia mi bien mayor. La prosperidad entra a mi vida trayendo luminosos días de bienestar, paz y abundancia, en Cristo Jesús. Así es, así sea y así será por los siglos de los siglos.

Padre Nuestro, que estás en el cielo, santificado sea tu nombre; venga a nosotros tu reino; hágase tu voluntad, en la tierra como en el cielo. Danos hoy nuestro pan de cada día; perdona nuestras ofensas, como también nosotros perdonamos a los que nos ofenden; no nos dejes caer en la tentación, y líbranos del mal. Amén.

Dios te salve, María, llena eres de gracia, el Señor es contigo. Bendita tú eres entre todas las mujeres, y bendito es el fruto de tu vientre: Jesús. Santa María, Madre de Dios, ruega por nosotros, pecadores, ahora y en la hora de nuestra muerte. Amén.

Gloria al Padre, al Hijo y al Espíritu Santo. Como era en el principio, ahora y siempre, por los siglos de los siglos. Amén.

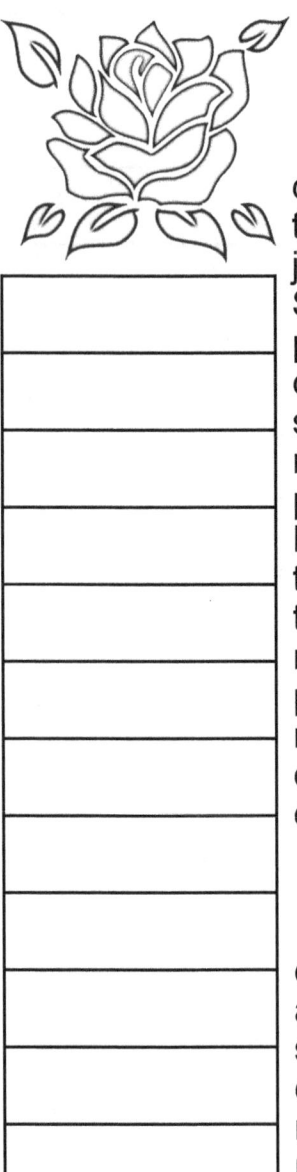

ORACIÓN FINAL

San Cipriano Bendito que vences el mal, con tu gran poder permite que mi enemigo se aleje de mí sin volver. Eterno Señor dame tu bendición poderosa para librarme de cualquier situación peligrosa. No permitas que nadie me dañe, ni en sus trampas me dejes caer. Señor Divino cualquier maleficio tu puedes romper. Por eso te ruego por medio de esta novena, que me libres de preocupación. San Cipriano milagroso yo te invoco con respeto, ante ti me inclino con amor.

Padre Nuestro, que estás en el cielo, santificado sea tu nombre; venga a nosotros tu reino; hágase tu voluntad, en la tierra como en el cielo. Danos hoy nuestro pan de cada día; perdona nuestras ofensas, como también nosotros perdonamos a los que nos ofenden; no nos dejes caer en la tentación, y líbranos del mal. Amén.

Dios te salve, María, llena eres de gracia, el Señor es contigo. Bendita tú eres entre todas las mujeres, y bendito es el fruto de tu vientre: Jesús. Santa María, Madre de Dios, ruega por nosotros, pecadores, ahora y en la hora de nuestra muerte. Amén.

Gloria al Padre, al Hijo y al Espíritu Santo. Como era en el principio, ahora y siempre, por los siglos de los siglos. Amén.

Papá Dios: que tu sabiduría nos guíe; que tu luz ilumine nuestro camino; que tu amor nos de paz; que tu poder nos proteja, y que por donde quiera que caminemos, tu presencia nos acompañe. Gracias Papá Dios que ya nos oíste. Amén.

www.ingramcontent.com/pod-product-compliance
Lightning Source LLC
Chambersburg PA
CBHW070635150426
42811CB00050B/307